U0540468

目 录

一、找出中心思想　　1

二、确定因果关系　　4

三、进行概括　　7

四、区分事实和观点　　10

五、提出问题　　13

六、分析信息　　17

七、评估信息　　20

八、做出推断　　23

九、比较和对比　　26

十、识别偏见　　29

十一、综合信息　　32

十二、得出结论　　35

十三、做出预测　　38

十四、问题和对策　　41

一、找出中心思想

🧪 为什么要学习这项技能？

在阅读一篇文章时，通过组织相关信息和评估重要概念，来找到作者的主要观点，这可以帮助你找出整篇文章的中心思想。

📖 怎么学习这项技能？

建议你按照以下步骤找出文章的中心思想：

- 确定文章的背景。
- 一边阅读，一边问自己：作者写这篇文章的目的是什么呢？
- 观察标题和副标题，浏览文章，找出文章的主题。
- 找出支撑主题的所有细节。
- 总结中心思想，找出文章哪一部分传达了中心思想。

🖌 练习这项技能

阅读下面摘录的文段，回答后面的问题。

工业机器人不会说英语和中文，但它们可以全天候地和控制器进行交流，不需要假期，也无需医疗保健，就连退休后的养老金也不需要。相反，退休后的工业机器人会被回收利用，然后重新投入工作。

美国仓库或配送工人平均每小时的工资约为15美元。一位熟练的美国汽车工人平均每小时的工资在25美元到30美元之间，而且他们的医疗保险和退休费用高得惊人。

据工厂自动化系统机器人技术总监罗恩·波特（Ron Potter）所说，使用一个工业机器人，平均每小时的成本约为30美分。

——摘自福布斯网站，2006年1月3日

1. 这篇文章摘自哪里？

2. 这篇文章是什么时候写的?

3. 这篇文章的中心思想是什么?

4. 支撑中心思想的细节有哪些?

应用这项技能

从报纸、杂志或网站中选一篇文章,找出这篇文章的中心思想。

二、确定因果关系

为什么要学习这项技能？

确定因果关系要求我们考虑事件发生的原因，也就是引发事件的行为或情况。还要考虑事件产生的结果，即事件造成的影响。

怎么学习这项技能？

建议你按照以下步骤来确定因果关系：

- 找到两个或多个事件。
- 确定一个事件的发生是否会引起另一事件的发生。寻找"线索词"，比如"因为""导致""带来""产生""由于""所以""因此"等。
- 思考事件之间的逻辑关系，比如"她睡过头了，然后她错过了公交车"。
- 确认事件的结果。需要注意的是，有时引发这一结果的原因不止一个，有的原因会导致多个结果，一个结果还可以成为另一结果的原因。

练习这项技能

在经济学中，价格和需求量、供给量之间的关系是一种经典的因果关系。当一种商品的价格上升时，需求量下降，而供给量上升。

1. 上图中有一家手机商店，思考哪些因素可能会引起一家商店的手机大减价？大减价会对消费者产生什么影响？

2. 再观察下面手机的需求曲线。如果价格是 5000 元，手机每年的需求量是多少？如果价格降到 1000 元，每年的需求量是多少？

手机的需求曲线

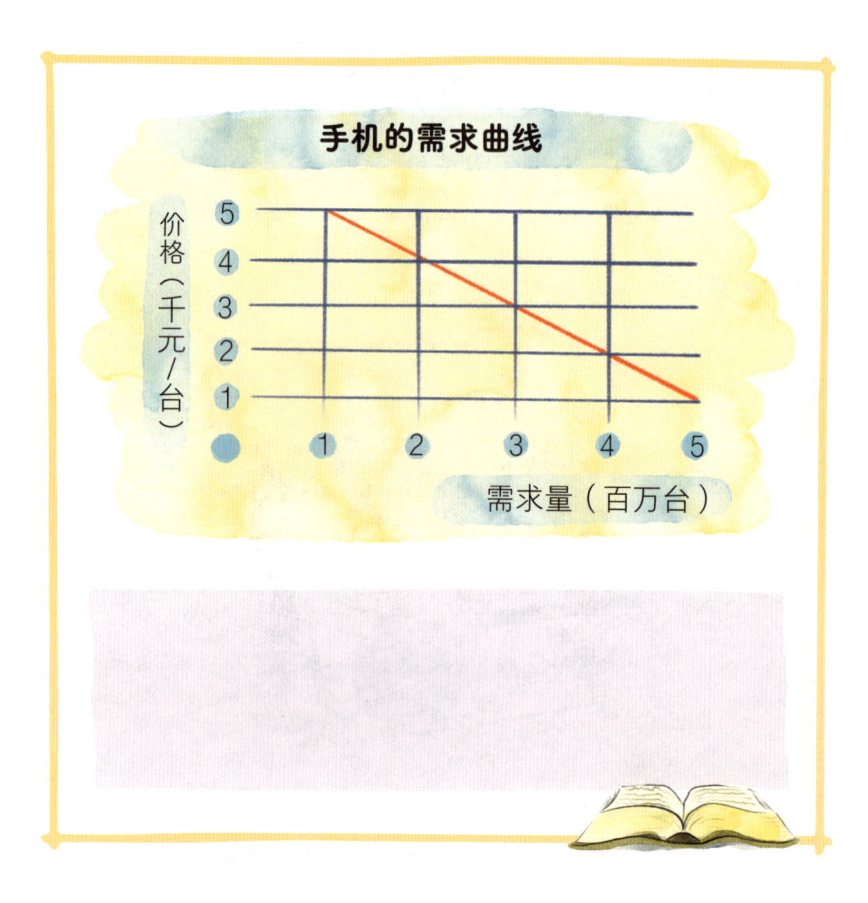

价格（千元/台）

需求量（百万台）

📚 应用这项技能

选择一个可靠的新闻类网站（比如人民网、中国网或新华网等），阅读网站中的一篇描述近期事件的文章，至少确定该事件的一个原因和一个结果。

三、进行概括

为什么要学习这项技能？

概括是基于眼前事实做出的判断，这个判断通常是正确的。如果你说"我们有一支很棒的足球队"，就是在做一个概括。如果你还说"我们的足球队是不败的"，就是在提供证据支撑你概括出来的观点。

在经济学研究中，概括这项技能是非常有用的，因为它可以帮助经济学家预测经济趋势。下面这句话就是概括性的说法：竞争激烈时，价格会下降。虽然这种概括性的说法有例外，但在一般情况下是正确的。

怎么学习这项技能？

建议你按照以下步骤有效地进行概括：
- 确定主题。
- 收集与主题相关的事实和例子。
- 找出这些事实和例子之间的相似之处。
- 利用这些相似之处，形成关于主题的一般性观点。

练习这项技能

阅读下面摘录的文段，确定后面每个具有概括性的观点是有效的还是无效的，并说明原因。

> 大学毕业后的第一年，年轻人的压力最大。如果一切顺利，你在自己的专业领域中还是能够找到一份理想工作的。但接下来，一切都悬在了天平上。如果第一年你的工作做得很好，你在未来的职业生涯可能就会很顺利，你的老板可能会给你更多晋升和加薪的机会，你受到重用的机会也更大，这样你就能在下一个职位上领先于竞争对手。如果第一年你表现不佳，你以后的机会可能就很少了。
>
> 好消息是，除非有严重违规行为，很少有人会在第一年的工作中完全偏离方向，因为大多数老板都会考虑学习曲线。但坏消息是，你长期的"学习成绩"相当于你为自己树立的形象，会成为他人在很长一段时间内对你的固定印象，在很多年以后都会影响他们对你的看法。
>
> ——摘自商业周刊网站，2006年9月18日

1. 大学毕业后的第一年是一个人一生中压力最大的时期之一。

2. 所有在第一年工作做得好的年轻人的职业生涯都会很顺利。

3. 大多数老板会容忍一些新手犯错误。

4. 年轻的员工永远无法摆脱坏名声。

应用这项技能

至少阅读 3 篇报纸上的社论，分别概括每一篇社论的主要观点。

四、区分事实和观点

🧪 为什么要学习这项技能？

区分事实和观点的技能可以帮助你在听别人说话或阅读别人写下的文字时做出合理的判断。事实的有效性可以通过记录、文件或历史资料等证据来证明。观点的提出则基于人们不同的价值观和信仰。

📖 怎么学习这项技能？

建议你按照以下步骤区分事实和观点：

- 仔细阅读或倾听信息，找出其中的主要内容，同时问自己：这些说法能被证明吗？我在哪里可以找到信息来验证它们？
- 如果内容能被来源可靠的信息证实，它就是事实。
- 寻找表达感受或看法的词语能帮助你识别观点，比如"应该""想要""能够""最好""最大""所有""总是"等。

练习这项技能

阅读下面摘录的文段,回答后面的问题。

办公室建筑师正设想改进办公小隔间,使其呈现一种新形式,这种形式给人的感觉既私密又浑然一体,既个性化又和周围环境十分和谐,面积更小却更显宽敞。设计师们正使用新的材料和技术,以及社会学的研究成果,为更具流动性和更加全球化的员工设计未来的工作场所。

作为小隔间之父,罗伯特·普罗普斯特(Robert Propst)从未想过要给美国的办公室营造如此凄凉的气氛。之所以这么说,是因为他将最早的小隔间起名为"移动办公室"。回到1968年,那时候大多数办公室员工都在开放式的空间里工作。普罗普斯特的小隔间虽然没有门,但和厕所隔间一样私密。美国的公司从家具制造商赫尔曼·米勒(普罗普斯特所在的公司)那里抢购了价值超过50亿美元的小隔间。如今，70% 的美国办公室员工都坐在小隔间里，这种小隔间早已超越了办公家具的概念，成了一种流行文化的标志。

——摘自《时代周刊》，2006 年 7 月 9 日

1. 文章中的哪些陈述是事实？

2. 文章中的哪些陈述是观点？

应用这项技能

观看一个访谈节目，列出你听到的三个事实和三个观点。

五、提出问题

为什么要学习这项技能?

提出问题可以帮助你处理信息,理解阅读的内容。

怎么学习这项技能?

建议你按照以下步骤提出问题:

- 想想你有什么疑问,常常可以在下一段或下一部分找到问题的答案。
- 你可以问:谁? 在什么时候? 在什么地方? 发生了什么? 为什么会这样? 后来怎么样了?
- 再读一遍文章,寻找上面问题的答案。

阅读下面摘录的文段,回答后面的问题。

> Hello Kitty 是全球时尚偶像和超级品牌,也缔造了现代市场营销中的传奇。Hello Kitty 的标识是一只猫的简约图形,一只长着月亮形状的头却没有嘴的猫。然而,这只

小猫的形象每年为东京的三丽鸥公司（Hello Kitty 的版权方）带来约 5 亿美元的特许权使用费收入。日本、美国和欧洲的特许权经营者已经在全球 20000 多种产品上涂上了这只可爱的猫，从华夫饼到镶有钻石的豪华手表，无所不包。

Hello Kitty 之父是日本三丽鸥公司的创始人、总裁兼首席执行官辻信太郎（Shintaro Tsuji）。在日本，辻信太郎被认为是可与华特·迪士尼（Walt Disney）相匹敌的人物。他将创立于 1960 年的一家小饰品制造商三丽鸥公司，打造成了一家价值近 10 亿美元的卡通商品供应商和主题公园运营商。Hello Kitty 于 1974 年亮相，主要面向 5 岁至 15 岁的女孩。

如今，这只神奇的猫得到了巴黎时装公司的追捧，还受到了玛丽亚·凯莉（Mariah Carey）和克里斯蒂娜·阿奎莱拉（Christina Aguilera）等美国流行天后，以及大批追求时尚的女性的欢迎。

——摘自《商业周刊》，2006 年 6 月 23 日

1. Hello Kitty 是什么？

2. 为什么说 Hello Kitty 缔造了营销传奇？

3. Hello Kitty 在哪些地方受到欢迎？

练习这项技能

阅读摘录的第二段文字。用下面的表格，对摘录的内容提出问题。再读一遍文章，找出表中问题的答案。

	问题	回答
人物		
时间		
地点		
事件		

原因		
结果		

🍎 应用这项技能

在本套书中任选一个部分进行阅读。制作一个问题表格，提出关于这部分五个以上的问题，并在阅读的过程中回答这些问题。

六、分析信息

为什么要学习这项技能？

在确定你对某一话题的看法时，分析信息的能力很重要。例如，为了确定你在美国贸易政策问题上的立场，你需要分析国际自由贸易的影响，以及限制贸易的影响。

怎么学习这项技能？

建议你按照以下步骤分析信息：
- 确定正在讨论的话题。
- 看看信息是如何组织的，要点是什么。
- 用自己的话总结信息，然后根据你对话题的理解和你已经知道的内容，陈述自己的观点。

练习这项技能

阅读下面摘录的文段，回答后面的问题。

2006年5月，美国铸币局通知国会，制造1美分和5美分硬币的成本将很快超过每枚硬币的实际价值。美国铸币局估计，到2006年年底，制造1美分硬币的成本将达到1.23美分左右。这则消息使得支持取消硬币流通的势力重新抬头。2006年7月18日，亚利桑那州共和党众议员吉姆·科尔贝（Jim Kolbe）提出了《工业国货币改革法案》（简称COIN），呼吁美国货币体系现代化。该法案包括对现金交易实行四舍五入制度，以取消1美分硬币，增加金元的生产和流通，同时逐步淘汰美元纸币，并研究能否改变硬币的成分，比如使用较便宜的金属是否可行。

　　——摘自《商业周刊》，2006年7月19日

1. 这段文字讨论的话题是什么？

2. 这段文字的要点有哪些？

3. 总结这段文字中的信息，根据你对这个主题的了解，对这些信息进行分析。

应用这项技能

选择近期一个新闻中的经济问题，比如社会保障、石油价格、国家债务或税收等。阅读一篇关于选定问题的文章，或者看一段关于选定问题的新闻。分析信息，并就这个话题做简短的陈述，阐释一下你的想法。

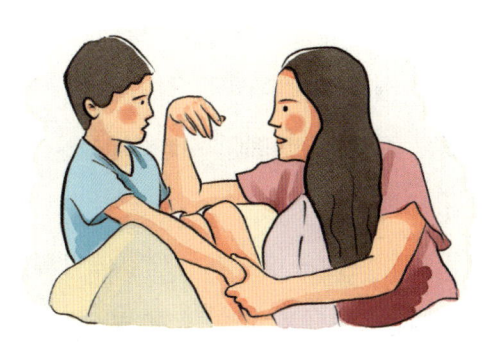

七、评估信息

为什么要学习这项技能？

我们生活在一个信息时代，海量的信息令人目不暇接，有时很难分辨信息是否真实和有用。因此，你需要评估读到和听到的信息，以确定这些信息是否可靠。

怎么学习这项技能？

评估信息以确定其是否可靠时，建议你在阅读时问自己以下问题：

- 是否可能存在偏见？换句话说，作者是否不公平地只提出了一种观点，而忽略了其他的反对意见？
- 发布信息的出版物可信吗？可靠吗？
- 作者或发言者的身份明确吗？他或她是这方面的权威吗？
- 信息是最新的吗？
- 信息有事实和其他资料的支持吗？信息看起来准确吗？
- 文笔怎么样？编辑得当吗？如果一篇文章有字词、语法或标点符号的错误，那么它的内容也可能有问题。

练习这项技能

阅读下面关于油价的几种说法，将它们按照从最可靠到最不可靠的顺序进行排列，说说你这样排列的理由。

"石油价格之所以这么高，是因为大的石油公司想赚我们的钱。贪得无厌的石油公司高管们都哄抬油价以使自己更富有。"

——互联网上的个人博客

"显然，高油价并没有降低对能源产品的需求。根据美国能源部能源信息署的数据，6月美国平均每天的石油需求量为950万桶，创历史新高。"

——摘自《商业周刊》，2006年7月7日

"引发去年通货膨胀的一个最大因素是石油输出国组织（OPEC）的石油价格飙升。我们必须采取一切必要的行动，减少我们对外国石油的依赖，同时降低通货膨胀。"

—— 美国总统吉米·卡特（Jimmy Carter），1980年1月23日

应用这项技能

找一则广告,在课堂上做简短的口头报告,告诉同学们广告中的信息是否可靠,为什么?

八、做出推断

为什么要学习这项技能？

"推断"的意思是评估信息并得出结论。做出推断时，你要领悟言外之意，或者用线索去揣摩文中没有直接陈述的东西。

怎么学习这项技能？

建议你按照以下步骤进行推断：
- 仔细阅读文中的事实和观点。
- 总结信息，列出重要事实。
- 使用你已经知道的有关信息。
- 运用你的知识和洞察力，得出一些合乎逻辑的结论。

练习这项技能

阅读下面摘录的文段，回答后面的问题。

得克萨斯州的人们了解烧烤，但他们中的很多人显然不了解中餐。今年在得克萨斯州新开了10家"熊猫快餐"门店，人们最关心的问题是："熊猫快餐的橙子鸡是什么？"

"熊猫快餐"的创始人程正昌和蒋佩琪是一对夫妻。他们知道，回答这个问题，以及关于菜单的很多其他问题，都是餐饮教育过程的一部分。他们已经把加利福尼亚一家商场内的单店餐厅发展成了一个拥有820家门店的中餐帝国。橙子鸡是一种微甜的炸鸡，是熊猫快餐最畅销的产品，但在得克萨斯州，不像墨西哥铁板烧和汉堡那样有名。

相信他们能更加成功，而且不仅仅是在沿海地区。他们正朝着突破快餐业的前沿领域迈进：创建一家全国性的中式快餐连锁店。

——摘自《今日美国》，2006年9月11日

1. 文段陈述了哪些事实？

2. 你能否推断出向熊猫快餐的顾客宣传中餐的重要性体现在哪些方面？解释一下。

3. 你能推断出"目前美国没有全国性的中式快餐连锁店"吗？

应用这项技能

看看今天报纸上商业和金融版块的头条新闻。你能推断出哪些重要的经济问题？浏览其中一则新闻，你认为作者对这个话题持什么态度？你是怎么知道的？

九、比较和对比

🧪 为什么要学习这项技能？

当你进行比较时,你需要确定观点、事物或事件之间的相似性;当你进行对比时,你需要注意观点、事物或事件之间的差异。比较和对比是很重要的技能,因为它们可以帮助你在几种备选方案中做出选择。

📖 怎么学习这项技能？

建议你按照以下步骤进行比较和对比:
- 确定要比较和对比的是哪些东西。
- 如果进行比较,你需要先确定一个或多个可以进行比较的共同领域,然后在这些共同领域中寻找相似之处。
- 如果进行对比,你需要找到它们都在哪些方面有显著不同。

🖌 练习这项技能

研究下面两则电脑的广告,回答后面的问题。

Basic Box XL 拥有可靠的、多功能的入门级系统，专为学生设计。

售价稳定在 550 美元，其配置如下：
3.06GHz 处理器、512MB 内存、160GB 硬盘、16X CD/DVD 刻录机、多个 USB 端口、键盘和鼠标。

还可自由添加 15 英寸平板显示器，只需额外支付少量费用。

CompuFun 2000 LH，当代青少年的绝配。

用于家庭作业、游戏、收发邮件和上网的理想电脑，价格合理，只需 999 美元。

它有高速 3.06 GHz 处理器、1GB 内存、250GB 硬盘、16X CD/DVD 刻录机、多个 USB 端口。

它还配备了高端显卡和多媒体扬声器。台式系统中包括 19 英寸的平板显示器、键盘和鼠标，无须额外付费。

1. 这两件产品有什么相似之处?

2. 这两件产品有什么不同?

3. 你会选哪台电脑?为什么?

应用这项技能

选择近期的一个新闻事件,就该事件在你的同学中开展调查。然后总结同学们的观点,写一两段话对这些观点进行比较和对比。

十、识别偏见

为什么要学习这项技能？

大多数人都有自己的观点，有时这些观点也可能是偏见。偏见会影响人们解释和描述事件的方式。识别偏见能帮助你判断读到或听到的内容的准确性。

怎么学习这项技能？

建议你按照以下步骤识别偏见：

- 核实作者的身份，特别是他或她的一些观点和个人爱好。
- 确认作者陈述的事实。
- 识别作者观点或情感的表达。寻找有积极或消极含义的词语，这些词语能揭示作者对某一话题的态度。
- 确定作者的观点。
- 确定作者的观点在作品中是如何体现的。

练习这项技能

阅读下面摘录的文段，回答后面的问题。

预计到 2006 年 10 月，美国将成为继中国和印度之后第 3 个拥有 3 亿以上人口的国家。这真是一件大事，就像在棒球比赛中打出 700 支全垒打。预计在未来 30 年内，不会出现其他拥有 3 亿以上人口的国家。

但是，随着美国向 3 亿人口迈进，有两个问题值得深思：3 个人口最多的国家同时是世界上经济最有活力的国家，这是巧合吗？美国是最具创新精神的工业化国家，也是人口增长最快、年轻人最多的国家之一，这是巧合吗？

事实证明，这绝非巧合。

——摘自《商业周刊》，2006 年 9 月 5 日

1. 文段里哪些部分说的是事实？

2. 这段话哪些部分表达的是观点?

3. 这段话的目的是想说明什么?

4. 你发现了作者的偏见吗？美国人口达到3亿，作者认为是好事还是坏事?

应用这项技能

找一篇你特别感兴趣的报纸社论。在社论中使用识别偏见的方法，写一段话总结你的发现。

十一、综合信息

🧪 为什么要学习这项技能?

综合信息是指把不同来源的信息结合起来。从一个来源获得的信息往往对其他信息有新的启示。

📖 怎么学习这项技能?

建议你按照以下步骤综合信息:
- 分析每一条信息,了解其含义。
- 确定每条信息为这个主题添加了哪些信息。
- 找出不同信息之间的一致处和不一致处。问自己:第一条信息是否给了我关于第二条信息的新信息或者新的思考方式?
- 找出不同信息之间的关系。

🖌 练习这项技能

阅读下面两段摘录的文字,回答后面的问题。

信息一

"在许多财政保守派眼里，单一税是一个可遇不可求的公共政策：所有人都要缴纳一种低税率的个人所得税，最贫穷的工薪阶层可以免税。没有有钱人可以钻的空子。没有累进税率，所谓累进税率是指收入越高的人，使用的税率也越高。不需要一个庞大的官僚机构来监管复杂税法的执行。"

——摘自《商业周刊》，2005 年 9 月 26 日

信息二

"根据史蒂夫·福布斯（Steve Forbes）的计划，个人所得税税率为 17%。所有家庭都将获得慷慨的个人所得税豁免，这样，如果一个四口之家的年度总收入未超过 46000 美元，就不必纳税。为了刺激经济增长，福布斯的计划对来自储蓄和投资的收入进行了豁免。这意味着，福布斯的计划其实是消费税，它根据人们获得的东西征税，而不对他们投入的东西征税。"

——摘自《福布斯》，2005 年 9 月 29 日

1. 信息一和信息二的主题是什么？

2. 信息二是支持信息一，还是反驳信息一？

3. 总结一下你从这两条信息中学到的东西。

应用这项技能

找两条关于银行业务的信息。每条信息的主要观点是什么？每条信息如何增进你对该话题的理解？

十二、得出结论

为什么要学习这项技能？

结论是基于你读到或听到的细节或事实而得出的合乎逻辑的理解。所谓得出结论，就是通过给出的信息找到没有给出的观点。

怎么学习这项技能？

建议你按照以下步骤得出结论：
- 仔细阅读陈述的事实和观点。
- 总结信息，列出重要事实。
- 运用你已知的相关信息。
- 运用你的知识和洞察力，得出一些合乎逻辑的结论。

练习这项技能

阅读下面摘录的文段，回答后面的问题。

在当今的汽车行业，大型汽车已经过时了，小型汽车开始流行了。大型 SUV 的销量下降了 45%，小型车销量增长了 70%。其他国家在长时间忍受偏高的汽油价格后，已经开始青睐小型车了。截至 2006 年，没有哪种车比戴姆勒 - 克莱斯勒的 Smart 系列更小了。

但是这样一辆只有 2.4 米长、1.5 米高、轮毂尺寸 38 厘米的小汽车，能和美国满大街的庞然大物共存吗？只有等时间来证明了。

——摘自《商业周刊》，2006 年 8 月 24 日

1. 这两段文字的主题是什么？

2. 摘录的文段给出了哪些事实?

3. 关于该主题,你还知道哪些信息?

4. 关于"为什么小型车的销量在增加,而大型 SUV 的销量却在减少",你能得出什么结论?

应用这项技能

阅读本套书中某位著名经济学家或企业家的故事。通过资料中的信息,你能了解这个人的生活情况吗?关于这位名人的生活和观点,得出三个结论。

十三、做出预测

🧪 为什么要学习这项技能？

预测未来并不容易，有时还会有风险。然而，你掌握的信息越多，你的预测就越准确。做好预测会帮助你理解阅读的内容。

📖 怎么学习这项技能？

建议你按照以下步骤做出预测：

- 收集有关决策和行动的信息。
- 根据你对已经发生的事情和人们行为的了解，确定可能产生的结果。
- 分析每一个结果，并问自己：这种情况发生的可能性有多大？

🖌 练习这项技能

阅读下面摘录的文段，回答后面的问题。

谷歌和雅虎这些年一直在赚大钱，因为大型广告主把更多的广告支出转到了线上媒体。从互联网巨头最近的收入数据来看，这一趋势已不可阻挡。

推动互联网广告高速增长的是这些互联网公司的某种能力，这种能力可以把广告资金从其他媒体吸引到互联网。2002 年，美国 2.5% 的广告费花在了互联网上。市场研究机构 eMarketer 的研究人员预测，今年这一比例将达到 4.6%，2009 年这一比例将达到 7.5%。

——摘自《商业周刊》，2005 年 10 月 21 日

1. 这两段文字描述了一种什么趋势？

39

2. 你认为该趋势会持续下去吗?

3. 你是根据什么预测的?

4. 这种趋势可能产生哪三种结果?

应用这项技能

分析三篇有关经济的新闻报道。试着预测一下,每篇报道中的事件可能会产生什么结果?你是分别根据什么预测的?

十四、问题和对策

为什么要学习这项技能?

假设你的篮球打得不好。你总是尽最大努力训练,而且都按照教练的要求做,你想知道为什么还是没有进步。为了改善类似这样的情况,你需要找出具体的问题,然后采取行动解决问题。

怎么学习这项技能?

建议你按照以下步骤解决问题:

- 找出问题。
- 收集信息。
- 列出可能的对策。
- 分析每种对策的优缺点。
- 选择最优的对策,并执行。
- 评估该对策是否有效。

练习这项技能

阅读下面摘录的文段，回答后面的问题。

水泥价格飞涨对中低收入的家庭产生了极大影响。为什么呢？因为为中低收入家庭建造房屋需要大量混凝土，而混凝土是由水泥、沙子、砾石和水制成的。沙利文房地产咨询公司总裁蒂姆·沙利文（Tim Sullivan）说，使用混凝土建造房屋的成本越来越高，使得房屋价格超出了买方的承受力。

沙利文说，由于水泥和混凝土产品价格居高不下，建筑商们正把更多精力投入到木质房屋中，这些独栋房屋和连排房屋主要面向收入较高的家庭。使用混凝土建造的高层房屋价格极高，近些年几乎全部面向更为富有的家庭。

——摘自商业周刊网站，2006年6月9日

1. 作者在文中提出了什么问题？

2. 文中针对这一问题提到了什么样的对策？你还有其他对策吗？

3. 文中提到的对策有效吗？为什么？

应用这项技能

选择一个需要解决的经济问题，比如"如何解决企业发展过程中的环保问题？""如何解决中小企业融资难问题？"。做一个简单的演示，首先列出问题，接着列出各种对策及其优缺点，然后选择一种对策，最后对它进行评估。